Kochen und Backen mit

Nüssen

G. Poggenpohl

Kochen und Backen mit
Nüssen

Edition XXL

Vorwort

Nüsse sind aus unserer Esskultur nicht wegzudenken. Die Nuss wurde schon lange vor der Einführung des Ackerbaus als Nahrungsmittel und Öllieferant von den Menschen gesammelt. Bei den Griechen und den Römern wurden Nüsse zu allen freudigen Ereignissen, etwa zu Geburten und Hochzeiten, überreicht; und bei uns bringt das Christkind heute noch Nüsse als gute Gabe.

Nüsse sind aus der arabischen Küche nicht wegzudenken. Im Mittelalter kamen sie durch die Mauren nach Spanien und dann mit den spanischen Kolonisatoren nach Amerika. Und wer die indonesische, fernöstliche oder afrikanische Küche kennt, weiß, dass man dort auf Nüsse nicht verzichten kann.

Seit alters her ist bekannt, dass die Nüsse jedem Gericht Aroma und Gesundheit verleihen. Kein Wunder, dass die Kuchen unserer Großmütter von Nüssen und Rosinen nur so strotzten.

Es gibt zahllose Arten. Die Palette reicht von der Paranuss über Mandeln, Pistazien, Pecannuss, Cashewkerne, Haselnuss, Erdnuss, Macadamia bis hin zur Walnuss. Man isst Nüsse frisch oder getrocknet, verwendet sie gehackt oder gemahlen zum Backen, bestreut damit Süßspeisen oder Gemüse.

Die Rezepte in diesem Buch zeigen Ihnen, wie vielfältig Sie Nüsse beim Zubereiten von Speisen einsetzen können. Bringen Sie eine neue Geschmacksvariante auf den Tisch und tun Sie Ihrer Gesundheit etwas Gutes.

Ihr G. Poggenpohl

Ratgeber

Nüsse sind wegen ihrer hohen konzentrierten Substanzen sehr gesund. Sie enthalten Eiweiß bis zu 30 Prozent, Fett zwischen 40 bis 70 Prozent, überwiegend ungesättigte Fettsäuren, dazu einen hohen Gehalt an Vitaminen (B-Komplex, A, E), Mineralstoffen (Kalzium, Eisen) und Spurenelementen (Eisen, Fluor, Zink).
Obwohl alle Nüsse fettreich sind, handelt es sich überwiegend um leicht verdauliche, gesundheitsfördernde, ungesättigte Fettsäuren.
Während gesättigte Fettsäuren den Cholesterinspiegel erhöhen und damit auch das Risiko eines Herzinfarktes oder Schlaganfalls steigt, senken die ungesättigten Fettsäuren das LDL-Cholesterin.
LDL-Cholesterin (das „schlechte" Cholesterin)
HDL-Cholesterin (das „gute" Cholesterin)
Neueste Studien zeigen, dass Nüsse eine bedeutende Rolle bei der Vorbeugung von Gefäßkrankheiten spielen. Wenn Sie einmal pro Woche Nüsse essen, reduzieren Sie Ihr Infarktrisiko um 25 Prozent.

Studien zeigen, dass Nussesser ihr Körpergewicht besser halten konnten, obwohl sie protein-, ballaststoff-, fett- und kalorienreich aßen.

Nüsse enthalten Antioxidantien. Diese schützen vor Oxidation oder Beschädigung der Körperzellen. Sie binden die so genannten „Freien Radikalen" (aggressive Sauerstoffverbindungen, die die Zellen angreifen und für deren Alterung bzw. Absterben mitverantwortlich sind). Nüsse steigern die Belastungsfähigkeit von Herz und Kreislauf, wirken leistungsfördernd bei Sport und körperlicher Belastung, bieten Hilfe bei geistiger und körperlicher Erschöpfung, verbessern das Wohlbefinden und verschönern die Haut.

Leider verderben Nüsse recht schnell, deshalb sollten sie immer kühl und dunkel aufbewahrt werden.

100 g Nüsse enthalten:	Beta-Carotin	B_1	B_2	C	E	Kalium
	µg	mg	mg	mg	mg	mg
Cashewkerne	60	0,6	0,3	2	0,8	552
Erdnüsse	11	0,9	0,2	0	9,1	706
Erdnüsse, ger.	8	0,3	0,2	0	8,8	775
Haselnüsse	29	0,4	0,2	3	26	636
Paranüsse	0	1,0	0,3	1	7,6	644
Macadamianüsse	9	0,2	0,1	0	0	25
Mandeln, süße	0,12	0,2	0,6	3	0,9	835
Walnüsse	48	0,3	0,1	2,6	6,2	544
Pistazien	150	0,7	0,2	7	5,2	1020

100 g Nüsse enthalten:	Phosphor	Magnesium	Kalzium	Eisen	Eiweiß	Kohlenhydrate	Fett
	µg	mg	mg	mg	g	g	g
Cashewkerne	373	267	37	0,8	17,5	32	42
Erdnüsse	372	163	59	0	2,4	12	48
Erdnüsse, ger.	410	180	65	2,3	26	9	42
Haselnüsse	333	156	226	3,8	14	13,7	62
Paranüsse	674	160	132	3,4	14	4	67
Macadamianüsse	0	0	51	0,2	7,4	16	73
Mandeln, süße	454	170	252	4,7	18,3	16	54
Walnüsse	409	129	87	2,5	14,4	14,2	65,5
Pistazien	500	160	136	7,3	21	13	51

Vorspeisen

Zutaten
für 4 Personen:

- 2 Fenchelknollen
- 200 g kalifornische Walnüsse
- 1 Banane
- 2 Äpfel
- 1 Zitrone, ungespritzt
- 2 Orangen, ungespritzt
- 1 Becher Kefir
- 2 EL saure Sahne
- 1 Prise Zucker
- 1 Prise Pfeffer
- 1 Prise Salz
- 1 Bund Petersilie

Zubereitung:

1. Die Fenchelknollen halbieren, den Strunk entfernen und den Fenchel in dünne Scheiben schneiden.

2. Die Walnüsse grob hacken (einige Hälften zurücklassen).

3. Die Banane in Scheiben, die entkernten Äpfel in Spalten schneiden. Von der Zitrone und einer Orange je die Hälfte der Schale raspeln und beiseite stellen. Die Orangen schälen und Filets herauslösen. Die Zitrone halbieren und eine Hälfte entsaften. Den Saft über Obst und Gemüse geben, dann alles vorsichtig mischen.

4. Aus dem Kefir, der sauren Sahne, dem Saft einer halben Orange, der Zitronen- und Orangenschale, dem Zucker, dem Salz und dem Pfeffer ein Dressing herstellen und unterheben. Mit der Petersilie und den Walnusshälften garnieren.

Fenchel-Äpfel-Salat

Vorspeisen

Zutaten

für 4 Personen:

- 2 Chicorée
- 200 g Knollensellerie
- 250 g kalifornische Walnüsse
- 1 Dose Mandarinen
- 2 Chilischoten
- 1 Becher Jogurt
- 2 EL Majonäse
- 2 EL Zitronensaft
- 1 Prise Pfeffer
- 1 Prise Salz
- 1 Bund Estragon
- Kapuzinerkresse (Blüten)

Zubereitung:

1. Den Strunk der Chicorée keilförmig herausschneiden und die Blätter in breite Streifen schneiden. Den Sellerie schälen und in feine Streifen schneiden. Die Walnüsse vierteln.
2. Alles in eine Schüssel geben, vermischen und zum Schluss die abgetropften Mandarinen hinzufügen.
3. Die Chilischoten halbieren und entkernen, anschließend in feine Streifen schneiden und über den Salat streuen.
4. Aus dem Jogurt mit der Majonäse, dem Zitronensaft, dem Pfeffer und dem Salz eine Marinade rühren und über den Salat geben.
5. Mit fein gehacktem Estragon bestreuen und mit Blüten der Kapuzinerkresse dekorieren.

Chicorée-Sellerie-Salat

Zutaten

für 4 Personen:

- 1 kleiner Kopf Rotkraut
- 1/4 l Rotwein
- 2 EL Zucker
- 100 g Walnüsse
- 1 Orange
- 1 Apfel
- 1 Banane
- 2 EL Rosinen
- 2 EL Essig
- 2 EL Öl
- Salz
- Pfeffer

Zubereitung:

1. Vom Rotkraut die äußeren Blätter entfernen, halbieren, den Strunk herausschneiden und das Kraut dann in Streifen schneiden.
2. Einen Topf erhitzen, den Zucker hineingeben und so lange rühren, bis er geschmolzen ist. Dann die Rotkrautstreifen dazugeben und das Rotkraut andünsten. Mit dem Rotwein aufgießen und ca. 8 Minuten köcheln lassen.
3. Die Orangen filetieren, den Apfel vierteln, entkernen und in Stücke schneiden. Die Banane schälen und in Scheiben schneiden. Die Walnüsse grob hacken.
4. Die Orangenfilets, die Apfelstücke, die Bananenscheiben, die Rosinen und die Walnüsse zum Rotkraut geben, vermischen und 2 Minuten ziehen lassen.
5. Das Rotkraut abkühlen lassen und mit Essig, Öl, Salz und Pfeffer abschmecken, auf Tellern anrichten und servieren.

Gedünstetes Nussrotkraut

Vorspeisen

Zutaten

für 4 Personen:

- 1 Zwiebel
- 2 EL Butter
- 80 g Grünkernschrot
- 100 g Macadamianüsse
- 1 l Gemüsebrühe
- 200 g Zucchini
- 100 g Champignons
- 2 EL Butter
- Salz
- Pfeffer
- 1 Bund glatte Petersilie
- 1 Becher Crème fraîche

Zubereitung:

1. Die Zwiebel schälen, sehr fein würfeln und in der Butter glasig dünsten.
2. Den Grünkernschrot unterrühren und anrösten. Die Hälfte der Macadamianüsse fein mahlen, unter den Grünkern mischen und mit Gemüsebrühe ablöschen. Bei geringer Hitze köcheln lassen.
3. Inzwischen die restlichen Macadamianüsse grob hacken. Zucchini putzen, waschen und in Scheiben schneiden. Champignons putzen, häuten und in Scheiben schneiden. Gemüse und Nüsse in der Butter einige Minuten anbraten und würzen. Petersilie waschen, ausschütteln und hacken. Zusammen mit der Crème fraîche unter die Suppe rühren und abschmecken.
4. Die Suppe auf vorgewärmte Teller verteilen und die Gemüse-Nuss-Mischung in die Mitte geben.

Grünkernsuppe

Vorspeisen

Zutaten
für 4 Personen:

- 50 g Paranüsse
- 30 g Butter
- 20 g Mehl
- 3/4 l Fleischbrühe
- 1/4 l Milch
- 1/8 l Weißwein
- 50 g Schinkenspeck
- 2 Eigelb
- 50 g Sahne
- Salz
- Pfeffer
- 40 g geriebener Käse

Zubereitung:

1. Die Paranüsse mahlen.
2. Die Butter in einem Topf schmelzen und die Hälfte der gemahlenen Nüsse mit dem Mehl einstreuen. In 2 Minuten zu einer goldgelben Masse anschwitzen und die Fleischbrühe unterrühren.
3. Die Milch angießen, etwas köcheln lassen; den Weißwein, die restlichen Nüsse und den fein gewürfelten Schinkenspeck hinzufügen.
4. Den Topf vom Herd nehmen. Die Eigelbe mit der Sahne verrühren und die Suppe legieren. Mit Salz und Pfeffer abschmecken.
5. Vor dem Servieren die Suppe mit dem Käse bestreuen.

Pikante Nusssuppe

Vorspeisen

Zutaten

für 4 Personen:

- 500 g Schweinefilet
- 2 EL Öl
- 70 g Cashewkerne
- 100 g getrocknete Steinpilze
- 1 kleine Zwiebel
- 1 EL scharfer Senf
- 3 EL Orangenmarmelade
- 70 ml Balsamico-Essig
- Zucker
- Salz
- Pfeffer
- 4 EL Olivenöl

Zubereitung:

1. Die Steinpilze in eine Schüssel geben, mit heißem Wasser übergießen und quellen lassen.

2. Das Öl in einer Pfanne erhitzen und das Schweinefilet ca. 15 Minuten von allen Seiten anbraten.

3. Das Filet aus der Pfanne nehmen, in Alufolie einwickeln und ruhen lassen.

4. Die Zwiebel schälen und in feine Würfel schneiden. Die Cashewkerne grob hacken, die Steinpilze abtropfen lassen und in größere Stücke zerteilen.

5. Die Zwiebel, die Nüsse und die Steinpilze in den Bratensaft geben und andünsten. Den Bratensaft mit der Marmelade, dem Senf, dem Öl, dem Essig, dem Zucker, dem Salz und dem Pfeffer zu einer Vinaigrette verrühren.

6. Das lauwarme Filet aufschneiden, auf Tellern anrichten und die Vinaigrette darüber geben, nach Belieben mit Radicchiostreifen garnieren.

Schweinefilet mit Nussvinaigrette

Vorspeisen

Zutaten
für 4 Personen:

- 500 g Birnen
- 200 g Blauschimmelkäse
- 100 g roher Schinken
- 1 rote Paprikaschote
- 50 g Pistazien
- 70 g geschälte Mandeln

Zubereitung:

1. Den Backofen auf 180° C vorheizen und ein Backblech mit Backpapier auslegen.
2. Die Paprikaschote auseinander schneiden und das Kerngehäuse entfernen. Das Fruchtfleisch in feine Würfel schneiden.
3. Den Schinken in Streifen und dann in Würfel schneiden.
4. Die Birnen halbieren, das Kerngehäuse entfernen, die Schinkenstücke, die Paprikawürfel, die Pistazien und die Mandeln hineingeben und kleine Stücke des Käses darauf setzen.
5. Die Birnen auf das Backblech geben und im Backofen ca. 10 Minuten backen.

Als Vorspeise servieren oder die doppelte Menge mit Weißbrot als Hauptgericht.

Gefüllte Birnen

Hauptgerichte

Zutaten
für 4 Personen:

- 30 g Mandelblättchen
- 125 g Wildreis
- 1 Lorbeerblatt
- 4 Hähnchenbrustfilets
- 1-2 TL frisch gepresster Zitronensaft
- 1 TL Chilipulver
- 1 TL Sesamöl
- 2 Frühlingszwiebeln, in feine Ringe geschnitten
- 1 TL abgeriebene Zitronenschale
- Salz
- 1 Zitrone, in Achtel geschnitten

Zubereitung:

1. Die Mandeln in einer Pfanne ohne Fett einige Minuten unter Wenden rösten, bis sie rundum leicht gebräunt sind. Sofort von der Platte nehmen und hacken.

2. Den Reis mit 350 ml Wasser und dem Lorbeerblatt zum Kochen bringen, die Temperatur reduzieren und den Reis zugedeckt ca. 40 Minuten kochen lassen. Der Reis sollte weich sein und alles Wasser aufgesogen haben.

3. Die Hähnchenbrustfilets abtupfen, auf beiden Seiten mit Zitronensaft beträufeln und mit dem Chilipulver bestreuen.

4. Das Öl in einer beschichteten Pfanne erhitzen. Die Hähnchenbrustfilets hineingeben, ca. 3 Minuten anbraten, dann wenden und zugedeckt 8-10 Minuten garen, bis beim Anstechen ganz klarer Fleischsaft austritt.

5. Wenn der Reis gar ist, die Platte ausschalten und die Frühlingszwiebeln, Mandelblättchen und Zitronenschale untermengen und durchwärmen lassen. Zuletzt 1/4 TL Salz untermischen.

6. Den Reis und die Hähnchenbrustfilets auf Tellern anrichten. Mit Zitronenachteln garniert servieren.

Chili-Hähnchenbrustfilets

Hauptgerichte

Zutaten

für 4 Personen:

- 4 Hähnchenbrustfilets
- 100 g Mehl
- 2 Eier
- 150 g gehackte Haselnüsse
- Bratfett
- 4 Chicorée
- 1 Orange
- 1 Apfel
- 1 EL Kürbiskerne
- 100 g Jogurt
- 1 EL Essig
- 1 EL Öl
- Salz
- Pfeffer

Zubereitung:

1. Die Hähnchenschnitzel mit Salz und Pfeffer würzen.
2. Das Mehl, die verquirlten Eier und die Haselnüsse auf 3 Teller verteilen. Die Filets nacheinander in Mehl, Eiern und Haselnüssen wenden.
3. Bratfett in einer Pfanne erhitzen. Die panierten Filets darin bei geringer Hitze (da sonst die Haselnüsse verbrennen) goldbraun braten.
4. Den Chicorée putzen und in 2 cm breite Streifen schneiden. Die Orange filetieren, den Apfel waschen, das Kerngehäuse entfernen und das Fruchtfleisch in Würfel schneiden.
5. Aus Jogurt, Essig, Öl, Salz und Pfeffer eine Salatsauce herstellen. Den Chicorée, die Apfelwürfel und die Orangefilets damit vermischen und auf Tellern anrichten. Die Kürbiskerne darüber streuen, die Hähnchenbrust dazulegen.

Hähnchenbrust im Haselnussmantel

Hauptgerichte

Zutaten

für 4 Personen:

für das Tomatengemüse:

- 500 g reife Tomaten
- 120 g Zwiebeln
- 2 Knoblauchzehen
- 1 Bund Thymian
- 30 g Butterschmalz
- Salz, Pfeffer
- Paprika edelsüß
- 1 Prise Zucker
- 100 ml Rotwein

für die Hähnchen-Mandelwürfel:

- 300-500 g Butterschmalz zum Ausbacken
- 600 g Hähnchenbrustfilet
- 3 Eier
- 1 Bund glatte Petersilie
- 7 EL Mehl
- Salz, Pfeffer, Paprika edelsüß
- 100 g Mandelblättchen

Zubereitung:

1. Die Tomaten kreuzweise einschneiden, mit kochendem Wasser überbrühen und die Haut abziehen. Den Stielansatz keilförmig herausschneiden, die Tomaten vierteln.

2. Zwiebeln und Knoblauch schälen und in Spalten bzw. Scheiben schneiden. Thymian waschen, trockentupfen und die Blättchen von den Stielen zupfen.

3. Das Butterschmalz in einer Pfanne erhitzen. Die Zwiebeln und den Knoblauch darin glasig dünsten. Tomaten, die Hälfte des Thymians, Salz, Pfeffer, Paprika und Zucker zugeben, kurz mitdünsten und mit dem Rotwein ablöschen. Ca. 5 Minuten bei Mittelhitze garen.

4. Das Hähnchenbrustfilet waschen, trockentupfen und würfeln. Die Eier verrühren. 5 EL Mehl, Salz, Pfeffer, Paprika und restlichen Thymian sowie die glatte, gehackte Petersilie unterrühren.

5. Den Eierteig, die Mandelblättchen und das restliche mit Salz und Pfeffer gewürzte Mehl jeweils in einen tiefen Teller geben. Das Fleisch portionsweise zuerst in Mehl wenden, dann durch den Eierteig ziehen und zum Schluss in Mandelblättchen wälzen.

6. Ausreichend Butterschmalz in einer Pfanne mit hohem Rand erhitzen. Hähnchenteile darin schwimmend nacheinander etwa 6-8 Minuten goldbraun backen, herausnehmen und auf Küchenkrepp abtropfen lassen. Mit dem Tomatengemüse servieren.

Dazu schmeckt knuspriges Stangenweißbrot.

Mandelhähnchen

Hauptgerichte

Zutaten:

für 4 Personen:

- 1 Hähnchen (ca. 1,5-2 kg)
- 2 EL Currypaste (aus dem Glas)
- 3 EL Honig
- 2 EL Sojasoße
- 100 g Erdnüsse
- 1 Knoblauchzehe
- 1 Zweig Thymian
- 1 Bund Karotten
- 1 Bund Staudensellerie
- 500 g gelbe Zucchini oder Patissons
- 4 Zwiebeln
- 3 EL Öl
- Salz, Pfeffer
- 200 ml Geflügelfond (aus dem Glas)

Zubereitung:

1. Das Hähnchen in etwa 8 gleich große Stücke zerteilen.

2. Die Currypaste mit dem Honig, Sojasoße, den fein gehackten Erdnüssen, zerdrückter Knoblauchzehe und den abgezupften Thymianblättchen verrühren. Hähnchenteile damit rundherum bestreichen und im Kühlschrank einige Stunden marinieren lassen.

3. Die Karotten schälen und stifteln, Sellerie in grobe Stücke, Zucchini in dicke Scheiben schneiden (Patissons vierteln). Zwiebeln achteln und zusammen mit dem anderen Gemüse in einem Bräter oder einer Fettfangschale verteilen.

4. Das Öl dazugeben, mit dem Gemüse vermengen und mit Salz und Pfeffer würzen. Die Hähnchenteile darauf geben und im vorgeheizten Backofen bei 200° C ca. 40 Minuten braten. Zwischendurch den Geflügelfond nach und nach angießen.

Tipp:
Dazu passt hervorragend eine leckere Erdnusssoße: 1 Dose Kokosmilch (400 ml) und 2 EL rote Currypaste aufkochen. 5-6 EL Fischsoße (oder Sojasoße) und 3 EL braunen Zucker dazugeben und ca. 5 Minuten köcheln lassen. 200 g gemahlene und geröstete Erdnusskerne unterrühren und mit etwas Limonensaft (ca. 1 EL) und Zucker abschmecken.

Gebackenes Hähnchen

Hauptgerichte

Zutaten

für 4 Personen:

- 20 g getrocknete Mu-Err-Pilze
- 150 g Reis
- 50 g Wildreis
- 100 g Paranüsse
- 500 g Schweineschnitzel
- 70 ml Weißwein
- 1 EL Speisestärke
- 1 Becher süße Sahne
- Öl
- Salz
- Pfeffer

Zubereitung:

1. Die Mu-Err-Pilze in eine Schüssel geben, mit heißem Wasser übergießen und ca. 15 Minuten quellen lassen.
2. Den Reis nach Packungsanweisung kochen.
3. Die Paranusskerne grob hacken. Die Schweineschnitzel längs halbieren und in Streifen schneiden.
4. Das Öl in einer Pfanne erhitzen, das Fleisch und die Nüsse darin anbraten. Mit dem Weißwein aufgießen, die Pilze dazugeben und noch ca. 5 Minuten köcheln lassen.
5. Die Sahne mit der Speisestärke verrühren, zum Fleisch geben und einmal aufkochen lassen. Mit Salz und Pfeffer würzen.
6. Den Reis mit dem Geschnetzelten auf Tellern anrichten.

Schweinegeschnetzeltes

Zutaten

für 4 Personen:

- 1 kleiner Bund Thymian
- 60 g gehackte Mandeln
- 2 Scheiben Toastbrot
- 1 Rolle Knoblauch-Butter (z. B. von Meggle)
- 20 g gemahlene Mandeln
- 1/2 Bund Suppengemüse
- 1 EL Tomatenmark
- 5 cl Rotwein
- 400 ml Lammfond (aus dem Glas)
- 1 mittelgroße Kartoffel
- Salz, weißer Pfeffer
- 1 EL Butterschmalz
- 2 Lammkarrees (küchenfertig)
- 1 EL Honig
- 1 Knoblauch-Butter-Baguette (z. B. von Meggle)

Zubereitung:

1. Für die Kruste Thymianblättchen abzupfen. Gehackte Mandeln in einer Pfanne ohne Fett goldbraun rösten.

2. Das Toastbrot entrinden und im Mixer fein zerkleinern. 100 g Knoblauch-Butter mit den Quirlen eines Handmixers schaumig rühren. Gehackte Mandeln, gemahlene Mandeln, Thymianblättchen und Toastbrösel untermischen und im Kühlschrank kalt werden lassen.

3. Das Suppengemüse putzen, waschen und grob zerkleinern. Restliche Knoblauch-Butter erhitzen und das Suppengemüse darin dünsten. Tomatenmark unterrühren, Rotwein und Lammfond angießen und Soße auf die Hälfte einkochen.

4. Die Kartoffel schälen, fein reiben, zugeben und fünf Minuten bei schwacher Hitze köcheln lassen, danach die Soße durch ein feines Sieb streichen und – falls nötig – mit Salz und Pfeffer abschmecken.

5. Das Butterschmalz in einer Pfanne erhitzen, Lammkarrees darin rundherum ca. fünf Minuten kräftig anbraten. Auf eine Fettpfanne setzen, die Oberseite gleichmäßig mit Honig bepinseln und mit der Mandelmasse belegen. Im vorgeheizten Backofen bei 200° C ca. 15-17 Minuten garen, bis die Kruste goldbraun ist.

6. Das Baguette nach Packungsanweisung zubereiten. Lammkarrees zwischen den Knochen in vier Portionen teilen und mit Baguette und Soße servieren. Dazu schmecken in Butter gedünstete Bohnen.

Tipp:
Wer kein Lamm mag, kann auch Rinderfilet nehmen.

Lammkarree mit Mandelkruste

Hauptgerichte

Zutaten

für 4 Personen:

- 100 g kalifornische Walnüsse
- 2 Orangen (unbehandelt)
- 50 g brauner Zucker
- 1 Prise Zimt
- 2 Gewürznelken
- 1 Prise Muskat
- 300 g Heidelbeeren (tiefgefroren)
- 2 EL Öl
- 1 EL Butter
- 4 Truthahnbrustfilets à 150 g
- Salz
- Pfeffer

Zubereitung:

1. Zwölf Walnusshälften für die Dekoration beiseite stellen. Die restlichen kalifornischen Walnüsse hacken oder grob mahlen. Die Orangen waschen. Die Schale von einer Orange abreiben, beide Orangen auspressen.

2. Den Orangensaft mit Orangenschale, braunem Zucker, Zimt, Nelken und geriebener Muskatnuss mischen und bei kleiner Hitze in einem Topf erwärmen. Sobald der Zucker sich aufgelöst hat, die aufgetauten Heidelbeeren hinzufügen. Unter Rühren 10 Minuten köcheln lassen, dann den Topf vom Herd nehmen und die gemahlenen Walnüsse unterrühren.

3. Inzwischen Öl und Butter in einer Pfanne erhitzen. Truthahnbrustfilets darin 6 bis 8 Minuten braten. Mit Salz und Pfeffer würzen.

4. Truthahnbrustfilets mit der Soße auf Tellern anrichten. Mit Walnusshälften garnieren. Dazu passt eine Wildreismischung.

Truthahnbrustfilet

Hauptgerichte

Zutaten

für 4 Personen:

- 120 g australische Macadamias
- 600 g Filetsteak
- 2 EL gemahlener schwarzer Pfeffer
- 60 g fein gehackte Macadamias
- etwas Macadamianussöl

für den Salat:

- 1 Bund Rucola
- 230 g fein geschnittener Fenchel, nur das weiße Fleisch
- 230 g gehobelter Rotkohl

für die Vinaigrette:

- 100 ml Macadamianussöl
- 2 EL Rotwein-Essig
- 1 EL Zitronensaft
- Salz, Pfeffer

Zubereitung:

1. Die ganzen Macadamias bei mittlerer Hitze in einer Pfanne ohne Öl rösten, bis sie leicht braun sind.
2. Das Fleisch von überschüssigem Fett befreien und mit Macadamianussöl bestreichen.
3. Den Pfeffer und die gehackten Macadamianüsse mit etwas Nussöl zu einer groben Paste verrühren und fest auf die Steaks drücken.
4. Eine Pfanne stark erhitzen, ein wenig Macadamianussöl hinzufügen und die Steaks von beiden Seiten anbraten.
5. Die Steaks aus der Pfanne nehmen, locker mit Alufolie abdecken und 10 Minuten ziehen lassen. Dann in dünne Streifen schneiden.
6. Den Salat und die gerösteten Macadamias in der Tellermitte und die Steakstreifen drumherum anrichten. Alle Zutaten für die Vinaigrette verrühren, abschmecken und über den Salat geben.

Pfeffersteak im Macadamiamantel

Hauptgerichte

Zutaten

für 4 Personen:

- 1 Putenkeule (ca. 1 kg
- 500 ml Rotwein
- 200 g gemischte Trockenfrüchte
- 100 g Walnüsse
- 100 g Haselnüsse
- 1 Zweig Rosmarin
- 100 g Soßenlebkuchen
- Öl
- Zucker
- Salz
- Pfeffer

Zubereitung:

1. Die Trockenfrüchte und die Nüsse in eine Schüssel geben, mit dem Rotwein übergießen und ziehen lassen.
2. Den Backofen auf 200° C vorheizen.
3. Die Putenkeule mit Salz und Pfeffer würzen. Das Öl in einem Bräter erhitzen, die Keule darin anbraten. Die eingeweichten Nüsse und Trockenfrüchte mit dem Wein dazugießen, den Rosmarinzweig zerteilen und zu der Putenkeule geben.
4. Den Soßenlebkuchen grob zerteilen und in den Wein rühren. Jetzt den Bräter in den Ofen schieben und die Keule ca. 45 Minuten garen, immer wieder mit Flüssigkeit übergießen. 5 Minuten vor Ende der Garzeit, die Temperatur auf 220° C erhöhen, damit die Keule oben schön knusprig wird.
5. Die Putenkeule aus der Soße nehmen und warm stellen. Die Soße umrühren, mit Salz, Zucker und Pfeffer abschmecken.

Die Putenkeule mit der Soße servieren. Dazu passen Knödel oder Kartoffeln.

Putenkeule mit Fruchtsoße

Hauptgerichte

Zutaten
für 4 Personen:

- 500 g Lammfleisch
- 500 ml Wasser
- 400 g grüne Bohnen
- 2 Karotten
- 4 Kartoffeln
- 2 Knoblauchzehen
- 1 Zwiebel
- 150 g geschälte Mandeln
- Salz
- Pfeffer

Zubereitung:

1. Das Wasser zum Kochen bringen, dann das Lammfleisch hineingeben und ca. 20 Minuten köcheln.

2. Die Bohnen putzen und in 3 cm lange Stücke schneiden. Die Kartoffeln schälen und in 1 cm dicke Würfel schneiden. Die Karotten, die Zwiebel und die Knoblauchzehen schälen und in Scheiben schneiden.

3. Das Lammfleisch aus dem Wasser nehmen und in mundgerechte Stücke zerteilen.

4. Das Gemüse und die Mandeln in die Fleischbrühe geben und ca. 10 Minuten darin köcheln. Mit einer Gabel die Hälfte der Kartoffeln zerdrücken, damit der Eintopf sämiger wird.

5. Die Fleischstücke wieder dazugeben, mit Salz und Pfeffer abschmecken.

Tipp:
Wenn Sie keine geschälten Mandeln bekommen, die Mandeln in einem Topf mit Wasser ca. 1 Minute kochen. In ein Sieb abschütten, die Mandeln lassen sich jetzt ganz leicht aus der Schale drücken.

Lammeintopf mit Nüssen

Hauptgerichte

Zutaten
für 4 Personen:

- 300 g mageres Hackfleisch
- 2 EL Olivenöl
- 1 mittelgroße Zwiebel
- 1 kleine Chilischote
- je 1 grüne und rote Paprikaschote
- 150 g Pistazien
- 1 Packung tiefgefrorener Blätterteig (400 g)
- 1 Eigelb
- Salz
- Pfeffer

Zubereitung:

1. Den Backofen auf 180° C vorheizen. Ein Backblech mit Backpapier auslegen.
2. Die Zwiebel schälen und fein hacken. Die Chili- und die Paprikaschoten entkernen und grob zerkleinern.
3. Das Öl in einer Pfanne erhitzen, das Hackfleisch darin anbraten, das Gemüse und die Pistazien dazugeben, mit Salz und Pfeffer würzen. Die Pfanne vom Ofen nehmen und abkühlen lassen.
4. Die Blätterteigplatten halbieren. Die Hackfleischfülle in die Mitte der Quadrate geben, den Teig zusammenklappen und die Ränder fest andrücken.
5. Die Pasteten auf das Backblech setzen, mit Eigelb bestreichen und im Backofen ca. 15 Minuten backen.

Die Pasteten eignen sich als Hauptgericht und auch als kleines Gericht für zwischendurch.

Pikante Nusspastete

Zutaten

für 4 Personen:

- 2 Knoblauchzehen
- 50 g Ingwerwurzel
- 1 rote Chilischote
- 150 g Shiitake-Pilze
- 1 Bund Frühlingszwiebeln
- 250 g Reisnudeln
- 400 g Filet vom Seeteufel
- 3 EL Sonnenblumenöl
- 2 EL kalifornische Mandelstifte
- 2 EL Sesamöl
- 2 EL Sojasoße
- 2 EL trockener Sherry
- 2 EL gehacktes Koriandergrün

Zubereitung:

1. Die Knoblauchzehen und den Ingwer schälen, fein schneiden oder hacken. Die Chilischote längs halbieren, entkernen und hacken. Die Stiele der Shiitake- Pilze entfernen, die Köpfe in Scheiben schneiden. Die Frühlingszwiebeln putzen und schräg in 2 cm lange Stücke schneiden.

2. Die Reisnudeln nach Packungsanweisung garen, abschrecken und beiseite stellen.

3. Das Seeteufelfilet in 8 kleine Medaillons schneiden. Einen Esslöffel Öl in einer beschichteten Pfanne oder einem Wok erhitzen, kalifornische Mandeln darin goldbraun braten. Mandeln herausnehmen, den Seeteufel in der heißen Pfanne von jeder Seite 1 Minute braten, ebenfalls herausnehmen.

4. Das restliche Öl in die Pfanne geben, Knoblauch, Ingwer, Chili, Pilze und Frühlingszwiebeln 2 Minuten braten, dabei ständig rühren. Reisnudeln, kalifornische Mandeln, Sesamöl, Sojasoße, Sherry und Seeteufelmedaillons zufügen und 2 Minuten köcheln lassen. Abschmecken und mit Koriander bestreut servieren.

Seeteufel mit Mandeln

Zutaten
für 4 Personen:

- 125 g Wildreis
- 60 g Mandeln
- 4 EL Weizenkleie
- 4 EL Mehl
- Salz, schwarzer Pfeffer
- 2 Eiweiß
- 4 Seezungenfilets
- 1 EL Reisessig
- 1 EL Olivenöl
- 400 g frische kleine Spinatblätter
- 2 rotschalige Äpfel (vom Kerngehäuse befreit und in Spalten geschnitten)
- 1 geraspelte Karotte

Zubereitung:

1. Den Reis mit 350 ml Wasser zum Kochen bringen, die Temperatur reduzieren und den Reis zugedeckt ca. 40 Minuten leise köcheln lassen. Der Reis sollte weich sein und alles Wasser aufgesogen haben.

2. In der Zwischenzeit den Backofen auf 200° C vorheizen.

3. Die Mandeln hacken oder im Mixer grob zerkleinern und auf einem flachen Teller mit der Kleie vermischen. Das Mehl mit etwas Salz und Pfeffer vermischen und auf einen zweiten Teller geben, auf einem dritten das Eiweiß leicht verschlagen.

4. Die Seezungenfilets in der Mehlmischung, dann im verschlagenen Eiweiß und zuletzt in den Mandeln wenden.

5. Ein Backblech mit Backpapier belegen, den Fisch darauf legen und im Ofen auf der mittleren Schiene 10-12 Minuten backen.

6. Während der Fisch im Ofen ist, die Vinaigrette für den Salat zubereiten: Den Essig mit je 1/4 TL Salz und Pfeffer verrühren, das Öl unterschlagen.

7. Eine beschichtete Pfanne auf mittlere Temperatur erhitzen, die Hälfte vom Spinat, die Apfelspalten, die Möhrenraspel und 1 EL von der Vinaigrette hineingeben. Unter Rühren dünsten, bis der Spinat zusammengefallen ist und auch die anderen Zutaten warm sind. In eine Schüssel füllen und den gegarten Reis, restlichen Spinat und Vinaigrette untermengen.

Fisch und Salat auf vier Tellern anrichten und servieren.

Seezunge in Mandelkruste

Hauptgerichte

Zutaten

für 4 Personen:

- 100 g Reis
- 400 g Kabeljaufilet
- 1 kleine Ananas
- 1 Mango
- 150 g Macadamianüsse
- 1 Chilischote
- 2 EL Curry
- 1 Becher süße Sahne
- Zucker
- Salz
- Pfeffer

Zubereitung:

1. Den Reis nach Packungsanweisung kochen, dann abschütten und beiseite stellen.

2. Die Ananas schälen, den Strunk entfernen und das Fruchtfleisch in mundgerechte Stücke schneiden. Die Mango schälen, entkernen und dann in Würfel schneiden.

3. Die Chilischote halbieren, entkernen und in Streifen schneiden.

4. Das Fischfilet abwaschen, trockentupfen und in mundgerechte Stücke schneiden.

5. Die Sahne in einem Topf erhitzen, den Curry einrühren, die Ananasstücke, die Mangostücke, die Chilischote und die Nüsse dazugeben, mit Salz, Zucker und Pfeffer abschmecken.

6. Den Reis unter die Soße rühren, die Fischstücke darauf geben und ca. 5 Minuten zugedeckt ziehen lassen.

Tipp:
Bei Chilischoten müssen Sie immer sehr vorsichtig sein: Waschen Sie sich nach der Verarbeitung gründlich die Hände. Der Saft ist sehr ätzend.

Exotischer Fischtopf

Hauptgerichte

Zutaten

für 4 Personen:

für die Füllung:

- 150 g kalifornische Walnusskerne
- 2 EL Quark
- 2 EL Mascarpone
- 1 EL Pecorinokäse
- 1 EL Dill, klein gehackt
- 1 Eigelb
- 1 TL Senf
- Salz und Pfeffer

für die Beilage:

- 150 g rote Linsen
- 4 kleine Möhren
- 4 Eiszapfen (weiße Rübchen)
- 500 ml Fischfond (Glas)
- 2 kleine Zucchini

weitere Zutaten:

- 1 Kopf Wirsingkohl
- 4 Schollenfilets
- 1 EL Butter
- 1 EL Stärke
- 1 Bund Schnittlauch

Zubereitung:

1. Die Walnusskerne klein hacken, einige für die Dekoration aufbewahren.
2. Die gehackten Walnüsse mit den Zutaten für die Füllung mischen.
3. Anschließend die äußeren Blätter des Wirsingkohls kurz in Salzwasser blanchieren.
4. Die roten Lisen in 1 Liter Salzwasser 5 Minuten kochen, dann 20 Minuten gar ziehen lassen. Danach abtropfen lassen und warm stellen.
5. Die Möhren und die Eiszapfen putzen und im Fischfond 15 Minuten kochen. Die Zucchini in Stifte schneiden und nach zehn Minuten zu den Möhren und Eiszapfen geben.
6. Die Fischfilets der Länge nach halbieren, waschen, trocknen und auf die Wirsingblätter legen, Überstehendes abschneiden. Die Füllung auf den Filets verteilen, einrollen und mit einem Zahnstocher feststecken. Die Röllchen in einer feuerfesten Form mit Deckel dicht zusammenlegen und auf jedes Röllchen eine Messerspitze Butter geben. Bei 180° C im vorgeheizten Backofen 20 Minuten zugedeckt garen.
7. Die Röllchen herausnehmen und warm stellen, den Fischsud beiseite stellen.
8. Das Beilagengemüse aus dem Fischfond nehmen, Fond beiseite stellen. Möhren und Eiszapfen der Länge nach vierteln. Jeweils abwechselnd zwei Viertel Möhren und zwei Viertel Eiszapfen zusammenlegen und mit Schnittlauch zusammenbinden. Mit den Zucchini warm stellen.
9. Den Fischfond und den Fischsud zusammen aufkochen, um mindestens ein Viertel reduzieren. Mit Speisestärke zu einer Soße binden, mit Salz und Pfeffer abschmecken.
10. Die Fischröllchen auf den roten Lisen anrichten, mit dem Gemüse und den Nüssen dekorieren, Soße darüber gießen. Etwas gehackten Schnittlauch darüber streuen.

Scholle mit Walnussfüllung

Hauptgerichte

Zutaten
für 4 Personen:

- 8 Steaks vom Schwertfisch
- 100 g kalifornische Mandelblättchen
- 20 g Honig
- 4 EL Olivenöl
- 500 g schwarze Linguine
  60 g frische Kräuter, gehackt
- *Zitronen-Sahne-Soße:*
- 500 ml süße Sahne
- 125 g Butter
- 3 Zitronen
- 10 g Speisestärke
  Salz, weißer Pfeffer
- *Ancho-Knoblauch-Öl:*
  400 g getrocknete Ancho-Chilis
- (im Fachgeschäft erhältlich)
- 1 Knolle Knoblauch
- 3 EL Öl
- 500 ml Geflügelbrühe

Zubereitung:

1. Die Schwertfischsteaks waschen, trockenreiben und mit Salz und Pfeffer würzen. Dann von beiden Seiten mit Honig bestreichen. Mandelblättchen auf ein flaches Blech oder einen Teller geben und den Fisch darin wenden.

2. In einer Pfanne mit 2 EL Olivenöl von beiden Seiten anbraten, im vorgeheizten Ofen bei 180° C 10 Minuten garen. Währenddessen drei Liter Wasser mit einer Prise Salz und einem Esslöffel Olivenöl zum Kochen bringen. Linguine hinzugeben, 5 bis 7 Minuten kochen, bis die Nudeln al dente sind. Dann abschütten und in einer Pfanne mit dem restlichen Olivenöl und den Kräutern schwenken, je nach Geschmack würzen.

3. Für die Soße Zitronen auspressen. Sahne und Zitronensaft in einem Topf zum Kochen bringen. Kurz vom Herd nehmen.

4. Die Speisestärke in 4 Esslöffeln Wasser auflösen und dazugießen. Nochmals aufkochen. Vom Herd nehmen und Butter in kleinen Stücken unterschlagen. Mit Salz und Pfeffer würzen.

5. Die Schwertfischsteaks auf einem Nest aus Linguinen anrichten und mit der Soße servieren.

Gourmet-Tipp:
Für das Ancho-Knoblauch-Öl die Chilischoten in Geflügelbrühe über Nacht einweichen. Die geschälten Knoblauchzehen in Scheibchen schneiden. Diese mit den Chilis und 3 Esslöffeln Öl unter ständigem Rühren auf ca. 250 ml einkochen lassen. Die Masse eine Woche abgedeckt im Kühlschrank ziehen lassen.
Vor Gebrauch passieren und auf den Fisch träufeln.

Schwertfischsteak im Mandelmantel

Hauptgerichte

Zutaten

für 4 Personen:

für das Chutney:

- 1 Zucchini
- 1 Zwiebel
- 1 Chilischote
- 1 kleine Paprikaschote
- 100 g Paranüsse
- 100 ml Essig
- 4 EL Zucker
- Muskatnuss

für die Reisbällchen:

- 150 g Reis
- 50 g Rosinen
- 100 g Erdnüsse
- 1 EL Curry
- 2 EL Butter
- Salz
- Pfeffer

Zubereitung:

1. Die Zwiebel schälen und fein hacken, die Chilischote und die Paprikaschote halbieren, die Kerne entfernen und das Fruchtfleisch in Würfel schneiden.

2. Die Zucchini waschen, den Blüten- und Stielansatz abschneiden und die Zucchini grob raspeln. Die Paranüsse mahlen.

3. Den Zucker in einem Topf karamellisieren lassen, die Zwiebel, die Paranüsse, die Chilischote, die Paprikaschote und die Zucchini hineingeben, andünsten und mit dem Essig ablöschen. Mit Muskat, Salz und Pfeffer abschmecken. Den Topf vom Herd nehmen und das Chutney auskühlen lassen.

4. Den Reis nach Packungsanweisung kochen.

5. Die Erdnüsse grob hacken.

6. Die Butter in einem Topf schmelzen, den Reis, den Curry, die Rosinen und die Erdnüsse dazugeben und alles vermischen. Mit Salz und Pfeffer würzen.

7. Den Reis etwas abkühlen lassen, dann 5 cm dicke Bällchen formen und mit dem Chutney zusammen servieren.

Erdnussreisbällchen

Hauptgerichte

Zutaten

für 4 Personen:

- 100 g geschälte Mandeln
- 5 Knoblauchzehen
- 1 Bund Basilikum
- 3 EL geriebener Parmesankäse
- 100 ml Olivenöl
- 250 g Spagetti
- 2 Tomaten
- Salz
- Pfeffer

Zubereitung:

1. Die Spagetti in reichlich Salzwasser bissfest kochen.
2. Die Blätter des Basilikums von den Stielen zupfen. Die Knoblauchzehen schälen, mit dem Olivenöl, den Mandeln, den Basilikumblättern und dem Parmesankäse in einen Zerkleinerer geben und alles zu einem Mus verarbeiten, mit Salz und Pfeffer abschmecken.
3. Die Tomaten waschen und in kleine Würfel schneiden.
4. Die fertigen Spagetti abschütten, mit den Tomaten vermischen, auf Tellern anrichten und das Pesto darüber geben.

Tipp:
In Italien werden für dieses Pesto traditionell Pistazienkernen genommen.

Spagetti mit Nusspesto

Hauptgerichte

Zutaten
für 4 Personen:

- 8 Tomaten
- 500 g Frischkäse
- 250 g Erdnüsse
- 3 EL gemischte Kräuter
- 100 g roher Schinken
- 100 g geriebener Käse
- Salz
- Pfeffer

Zubereitung:

1. Den Schinken in sehr feine Würfel schneiden, die Erdnüsse mahlen und beides mit dem Frischkäse und den Kräutern vermischen, mit Salz und Pfeffer abschmecken.
2. Den Backofen auf 180° C vorheizen, ein Backblech mit Backpapier auslegen.
3. Die Tomaten waschen und mit einem scharfen Messer am Stielansatz aufschneiden, mit einem Löffel die Tomaten aushöhlen.
4. Die Nuss-Käsemischung in die Tomaten füllen. Den geriebenen Käse darauf geben und die Tomaten im Backofen ca. 10 Minuten backen.

Tipp:
Diese Nuss-Käsemischung schmeckt auch hervorragend als Brotaufstrich.

Gefüllte Tomaten

Hauptgerichte

Zutaten

für 4 Personen:

- 2 Schalotten
- 4 Knoblauchzehen
- 200 g grob gehackte Haselnüsse
- 1 Bund Basilikum
- 3 EL Butter
- 300 g süße Sahne
- Salz
- Pfeffer
- 1/2 TL brauner Zucker
- 1 TL Instant-Gemüsebrühe
- 3 Tomaten
- 1 Zucchini
- 50 g Emmentaler
- 150 g Parmesan
- 200 g Lasagneblätter

Zubereitung:

1. Die Schalotten und den Knoblauch schälen und fein hacken. Die Zucchini waschen, halbieren und in Stifte schneiden. Die Tomaten vierteln, entkernen und in Würfel schneiden. Das Basilikum abbrausen, trockenschütteln, die Blätter von den Stielen zupfen und grob hacken. Den Emmentaler und den Parmesan fein reiben.

2. Die Butter in einer tiefen Pfanne oder einem Topf erhitzen und die Schalotten darin glasig dünsten. Die Haselnüsse dazugeben und kurz darin anrösten. Mit der Sahne aufgießen, den Knoblauch dazugeben und mit Salz, Pfeffer, Zucker und Instant-Gemüsebrühe würzen. Die Haselnuss-Soße bei mittlerer Hitze 5 Minuten köcheln lassen und zum Schluss das Basilikum unterrühren.

3. Eine Auflaufform mit Butter einfetten. Als Erstes die Form mit Lasagneblättern die Form auslegen. Dann in mehreren Schichten abwechselnd Haselnuss-Soße, Tomaten, Zucchini, Emmentaler, Parmesan und Lasagneblätter einfüllen. Die oberste Schicht sollte aus der Soße und dem restlichen Käse bestehen. Einige Tomatenstückchen auf dem Käse verteilen. Im vorgeheizten Backofen bei 200° C in ca. 45 Minuten backen. Eventuell nach 30 Minuten mit Alufolie abdecken, damit die Lasagne nicht zu dunkel wird.

Nuss-Lasagne

Gebäck

Zutaten

für 4 Personen:

für den Vorteig:
- 150 ml lauwarmes Wasser
- 60 g Hefe
- 3 EL Vollkornmehl

für den Hauptteig:
- 800 g Vollkornmehl
- 100 g Haselnüsse
- 100 g Walnüsse
- 1/2 l Wasser
- 1 EL Salz

Zubereitung:

1. Die Hefe im lauwarmen Wasser auflösen und das Mehl einrühren. Den Vorteig 30 Minuten gehen lassen.
2. Die Nüsse grob hacken.
3. Den Vorteig mit dem Mehl, den Haselnüssen, den Walnüssen, dem Wasser und dem Salz vermischen und zu einem Teig verkneten. Diesen Teig an einem warmen Ort zugedeckt gehen lassen, bis sich das Volumen verdoppelt hat.
4. Den Backofen auf 230° C vorheizen.
5. Den Teig erneut durchkneten, daraus zwei Brote formen, auf ein Backblech geben und nochmals 30 Minuten gehen lassen.
6. Die Brote in den Backofen schieben und 20 Minuten bei 230° C backen, dann den Ofen auf 180° C stellen und die Brote in weiteren 50 Minuten fertig backen.

Nussbrot

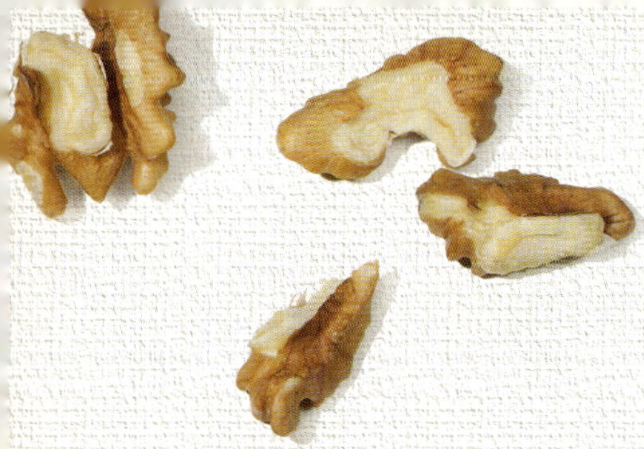

Gebäck

Zutaten
für 4 Personen:

für den Teig:
- 200 g Butter
- 120 g Zucker
- 1 Prise Salz
- 4 Eier
- 180 g Mehl
- 2 TL Backpulver

für die Marinade:
- 150 g kalifornische Walnusskerne, gehackt
- 100 g fein gehacktes Orangeat
- 8 cl Orangenlikör

für die Verzierung:
- 1 Glas Orangenkonfitüre
- 2 Beutel Vollmilch-Kuchenglasur
- 100 g Kumquats
- 50 g Walnusshälften
- 1 Bund Zitronenmelisse

Zubereitung:

1. Die Walnusskerne mit dem Orangeat über Nacht im Likör marinieren lassen.
2. Die Butte, mit dem Zucker und dem Salz schaumig schlagen. Die Eier nacheinander zufügen. Das Mehl mit dem Backpulver mischen, sieben und unterrühren. Die Walnuss-Orangeat-Marinade zufügen.
3. Eine Springform (Durchmesser 26 cm) einfetten oder den Boden mit Backpapier auslegen. Den Teig einfüllen und bei 180° C ca. 50 Minuten backen.
4. Den Tortenboden auf einem Kuchengitter abkühlen lassen. Waagerecht in zwei Hälften schneiden, die untere Hälfte mit Orangenkonfitüre bestreichen und die obere Hälfte wieder darauf legen.
5. Die Kuchenglasur im Wasserbad erhitzen. Die Torte damit überziehen und mit Kumquats, Walnusshälften und Zitronenmelisse dekorieren.

Tipp:
Orangeat und Zitronat können in der Küchenmaschine ganz fein gehäckselt werden. So entfällt der für manche Menschen unangenehme „Biss“; das Aroma der kandierten Früchte bleibt jedoch erhalten.

Walnuss-Orangen-Torte

Gebäck

Zutaten
für 4 Personen:

- 300 g Butter
- 300 g Zucker
- 200 g Mehl
- 100 g Speisestärke
- 5 Eier

für die Creme:

- 4 Eier
- 1 Prise Salz
- 200 g Zucker
- 1 Vanilleschote
- 100 g geriebene Walnüsse
- 500 g Butter

für die Dekoration:

- 20 g ganze Walnüsse
- 50 g gehackte Pistazien
- 20 g Mandelblättchen

Zubereitung:

1. Den Backofen auf 180° C vorheizen. Eine Kuchenform ausbuttern und mit Mehl bestäuben.
2. Die Butter mit dem Zucker schaumig rühren. Die Eier trennen und die Eigelbe nach und nach in die Masse einrühren. Das Mehl und die Speisestärke miteinander vermischen und unter die Buttermasse rühren.
3. Aus dem Eiweiß einen Eischnee schlagen und unter den Teig heben. Den Teig in die Kuchenform füllen und im Backofen ca. 60 Minuten backen. Den Kuchen aus der Form nehmen und erkalten lassen.
4. Die Eier mit Salz und Zucker verrühren, dann im warmen Wasserbad so lange rühren, bis die Eiermasse cremig wird. Die Eiermasse anschließend aus dem Wasserbad nehmen und kalt schlagen.
5. Die Butter in eine Schüssel geben und so lange schlagen – ca. 15 Minuten – bis sie weiß und sahnig ist. Die Vanilleschote aufschlitzen und das Mark herausschaben.
6. Die Eiercreme mit der Butter, den Nüssen und dem Vanillemark vermischen.
7. Den Kuchen zweimal waagerecht aufschneiden und mit einem Teil der Buttercreme füllen. Mit der restlichen Buttercreme den Kuchen bestreichen, mit den Mandeln, den gehackten Pistazien und den Walnüssen dekorieren.

Tipp:
Ein Kuchen gelingt immer, wenn die Zutaten die gleiche Temperatur haben.

Frankfurter Kranz

Gebäck

Zutaten

für 4 Personen:

- 3 Eiweiß
- 200 g Puderzucker
- 200 g gemahlene Walnüsse
- 1/2 Vanilleschote
- 50 g ganze Walnüsse
- 50 g Schokolade

Zubereitung:

1. Das Eiweiß zu Eischnee schlagen und 2/3 des Puderzuckers langsam einrühren. Die Vanilleschote aufschneiden und das Mark zu dem Eischnee geben.
2. Den restlichen Zucker und die gemahlenen Walnüsse unter den Eischnee ziehen.
3. Ein Backblech mit Backpapier auslegen. Die Nussmasse mit einem kleinen Löffel zu Makronen formen und auf das Backblech setzen. Jede Makrone mit einen halben Walnuss belegen.
4. Die Makronen ca. 3 Stunden abtrocknen lassen.
5. Den Backofen auf 150° C vorheizen und die Makronen ca. 30 Minuten backen.
6. Nach dem Abkühlen der Makronen die Schokolade schmelzen und die Makronen damit verzieren.

Walnussmakronen

Gebäck

Zutaten
für 4 Personen:

- 200 g Mehl
- 150 g gemahlene Haselnüsse
- 2 EL Milch
- 1 Eigelb
- 200 g Zucker
- 200 g Butter
- 1 Vanilleschote
- 1/2 TL gemahlener Zimt
- 1/2 TL gemahlene Nelken
- 1 Prise Salz

für die Dekoration:

- Hagelzucker
- Schokolade
- gehackte Haselnüsse

Zubereitung:

1. Das Mehl mit der Butter, dem Zucker, dem Eigelb, den Haselnüssen, den Gewürzen, der Milch und dem Mark der Vanilleschote zu einem Teig verkneten.
2. Den Teig halbieren und zwei ca. 5 cm dicke Rollen herstellen. Diese Rollen im Kühlschrank ca. 30 Minuten ruhen lassen.
3. Den Backofen auf 180° C vorheizen und ein Backblech mit Backpapier auslegen.
4. Von den Teigrollen dünne Scheiben schneiden und mit genügend Abstand auf das Backblech legen.
5. Im Backofen ca. 15 Minuten backen, herausnehmen und auskühlen lassen.
6. Die Taler mit den Haselnüssen, dem Hagelzucker und/oder der geschmolzenen Schokolade verzieren.

Haselnusstaler

Gebäck

Zutaten

für 4 Personen:

- 100 g Mehl
- 250 ml Milch
- 1 Prise Salz
- 1 EL Zucker
- 3 Eier
- 25 g Butter

für die Fülle:

- 100 g Paranüsse
- 250 g Quark
- 1 Eigelb
- 2 EL Zucker

für die Soße:

- 3 Eigelb
- 1 Ei
- 20 g Zucker
- 4 cl Nusslikör
- 125 ml Weiswein

Zubereitung:

1. Aus dem Mehl, der Milch, dem Salz, dem Zucker und den Eiern einen Teig herstellen. Die Butter schmelzen und unter den Teig rühren. Den Teig 1 Stunde ruhen lassen.
2. Die Paranüsse grob mahlen und mit den restlichen Zutaten der Fülle vermischen.
3. Eine beschichtete Pfanne erhitzen und dünne Crêpes ausbacken.
4. Die Füllung auf die Crêpes streichen und diese zusammenrollen.
5. Die Zutaten für die Soße verrühren und über Wasserdampf zu einer dickflüssigen Creme aufschlagen.
6. Die gefüllten Crêpes aufschneiden und auf Teller geben. Die Soße über die Crêpes gießen und das Ganze im Backofen bei 220° C Oberhitze 3 Min. überbacken.

Überbackene Nusscrêpes

Gebäck

Zutaten
für 4 Personen:

für die karamellisierten Nüsse:
- 100 g Mandeln
- 100 g Paranüsse
- 150 g brauner Zucker
- 1 EL Öl

für die Schoko-Nüsse:
- 100 g Walnüsse
- 100 g Cashewkerne
- 100 g Mandelstifte
- 250 g bittere Kuvertüre
- 1/2 Vanilleschote
- 1 Messerspitze Cayennepfeffer
- 1 Prise Zimt

Zubereitung:

1. Die Mandeln in kochendem Wasser einweichen, häuten, und trocknen lassen.

2. Den Zucker mit dem Öl in einer Pfanne schmelzen, die Nüsse nach und nach hineingeben. Wenn sie mit Zucker überzogen sind, mit einer Gabel einzeln herausnehmen und auf Backpapier auskühlen lassen.

3. Die Schokolade im heißen Wasserbad schmelzen, mit dem Mark der Vanilleschote und den Gewürzen verrühren und abschmecken. Die Walnüsse und die Cashewkerne in die Schokolade tauchen und auf einem Gitter auskühlen lassen. In die restliche Schokolade die Mandelstifte geben und verrühren. Dann kleine Häufchen auf Pergamentpapier setzen und auskühlen lassen.

Tipp:
Nüsse lassen sich so auf lange Zeit haltbar machen.

Glasierte Nüsse

Gebäck

Zutaten

für 4 Personen:

- 50 g weiche Butter
- 200 g Mehl
- 1/2 TL Backpulver
- 100 g Zucker
- 1 Prise Salz
- 3 Eier
- 50 g gemahlene Mandeln
- Öl zum Einfetten

Zubereitung:

1. Die Butter mit dem Zucker und einer Prise Salz in eine Schüssel geben und mit dem Mixer schaumig rühren. Unter ständigem Rühren nach und nach die Eier einzeln dazugeben, bis eine schaumige Masse entstanden ist.

2. Das Mehl und das Backpulver vermischen und zusammen mit den Mandeln unter den Teig heben. Den Teig zugedeckt ca. 30 Minuten ruhen lassen.

3. Das Waffeleisen auf mittlere Temperatur vorheizen und beide Seiten mit etwas Öl einfetten. 2-3 Esslöffel Waffelteig auf die untere Backfläche verteilen. Das Waffeleisen schließen und leicht herunterdrücken. Nacheinander die Waffeln backen.

Diese Waffeln schmecken gut mit einer Nusscreme.

Nusswaffeln

Gebäck

Zutaten

für 4 Personen:

- 100 g Zucker
- 200 g Butter
- 300 g Mehl
- 1 Ei

für den Belag:

- 100 g Zucker
- 50 g Butter
- 125 ml süße Sahne
- 100 g gestiftelte Mandeln
- 50 g kandierte Kirschen

Zubereitung:

1. Aus dem Zucker, dem Mehl, der Butter und dem Ei einen Teig kneten, in Klarsichtfolie wickeln und ca. 30 Minuten im Kühlschrank ruhen lassen.
2. Die Kirschen in feine Würfel schneiden.
3. Den Zucker in einem Topf langsam erhitzen, bis er braun ist, dann vom Herd nehmen und die Butter, die Sahne, die Mandeln und die Kirschen einrühren.
4. Den Teig dünn ausrollen und auf ein mit Backpapier ausgelegtes Backblech geben. Mit einer Gabel mehrmals einstechen.
5. Den Belag auf dem Teig verteilen und im Backofen bei 200° C ca. 15 Minuten backen.
6. Die Nusssplitter aus dem Ofen nehmen und noch warm in Stücke schneiden.

Nusssplitter

Register

Wir danken folgenden Firmen für ihre freundliche Unterstützung:

ipr, idee public relations, Hamburg 12/13, 14/15
- Arbeitskreis Erdnuss (AKE) 32/33
- Australian Macadamias (AHC) 40/41
- California Walnut Commission (CWC) 38/39, 54/55, 68/69
Ketchum GmbH, München
- Butterschmalz 30/31
- Californische Mandeln 26/27, 48/49, 50/51, 56/57
- Meggle 36/37

Genehmigte Lizenzausgabe
EDITION XXL GmbH
Reichelsheim 2003

Fotos: Food in Wort und Bild, Sigmarszell
Küche: Corinna Brunner
Gestaltung und Satz: Andrej Kulakowski

ISBN 3-89736-114-0